Sylvanus MULOWAYI WA KAYUMBA

# ALLIANCE EDENIQUE

Sylvanus MULOWAYI WA KAYUMBA

# ALLIANCE EDENIQUE

## 8 Grandes Alliances Bibliques

Éditions Croix du Salut

**Imprint**



Cover image: www.ingimage.com

Publisher:
Éditions Croix du Salut
is a trademark of
Dodo Books Indian Ocean Ltd., member of the OmniScriptum S.R.L Publishing group
str. A.Russo 15, of. 61, Chisinau-2068, Republic of Moldova Europe
Printed at: see last page
**ISBN: 978-620-3-84254-8**

8
GRANDES ALLIANCES
BIBLIQUES
1. Alliance Edénique

# ALLIANCE EDENIQUE

# LE SECRET DE L'ALLIANCE

Une alliance, c'est un pacte, un contrat entre deux ou plusieurs personnes dans lequel chaque partie a des engagements et des droits à observer et à respecter pour conserver l'harmonie et le succès dudit accord. Et dans le cas qui nous concerne, il s'agit d'un principe de cohabitation entre Dieu et le peuple d'Israël premièrement et entre Dieu et tous les hommes de la terre.

Il y a aussi des alliances individuelles et collectives entre les hommes dans la famille, la société, la nation et même dans le monde.

Et le plus grand secret de la réussite d'une alliance est le respect, la considération et l'observation des termes et conditions qui constituent ladite alliance.

Pourquoi les gens s'associent-ils entre eux ou avec Dieu ?

Bonne question.

« ***Les projets échouent, faute d'une assemblée qui délibère; Mais ils réussissent quand il y a de nombreux conseillers.*** » Proverbes 15 :22

Quand il n'y a pas d'assemblée qui délibère. Quand il n'y a pas concertation ou débat, les projets échouent. Et pendant la délibération les uns et les autres parlent et il faut bien écouter.

Le plus grand secret de l'alliance, c'est l'écoute des termes et conditions à y appliquer avant même de les observer.

Chaque peuple a sa langue de communication qu'il faudra connaître pour échanger dans les multiples domaines de la vie.

Dieu a aussi un langage pour toute chose à faire exécuter par les anges, les hommes, les animaux et la nature toute entière.

Sa puissance créatrice réside dans sa Parole comme il est écrit :

« ***Au commencement était la Parole, et la Parole était avec Dieu, et la Parole était Dieu.***

***Elle était au commencement avec Dieu.***

***Toutes choses ont été faites par elle, et rien de ce qui a été fait n'a été fait sans elle.***

***En elle était la vie, et la vie était la lumière des hommes.***

***La lumière luit dans les ténèbres, et les ténèbres ne l'ont point reçue.*** » Jean 1 :1-5

Les cieux ainsi que toutes leurs armées ont entendu la Parole de Dieu et l'ont exécutée pour devenir ce qu'ils sont.

La terre ainsi que tout ce qu'elle contient ont aussi entendu la Parole de Dieu et l'ont exécutée avec précision, exactitude, ponctualité et véracité.

Les ténèbres ont entendu la Parole de Dieu et sont allées chercher la lumière comme un petit enfant que l'on envoie pour appeler son grand-frère afin de prendre le repas de famille ensemble.

Dieu se servit de sa Parole pendant les six jours de la création et la prononça aussi avec bénédiction et sanctification au septième jour qui est celui du repos.

Dieu parla à Adam comme notre premier parent et à Jean de la Révélation comme le dernier apôtre du Seigneur Jésus.

En jetant un coup d'œil dans mon cours de sixième primaire, une chose merveilleuse a attiré mon attention.

# LES CRIS DES ANIMAUX

En effet, en lisant mon cours de français de la classe de fin du cycle primaire, j'ai pu remarquer que chaque animal a un cri particulier et original que le chasseur devra bien distinguer et spécifier pour être du bon côté.

C'est ainsi que :

| Le coq | chante |
|---|---|
| Le crocodile | Se lamente |
| Le chien | aboie |
| Le crapaud | coasse |
| Le criquet | criquette |
| Le corbeau | croasse |
| La cigale | chante |
| Le chat | miaule |
| La chauve-souris | grince |
| Le cheval | hennit |
| L'éléphant | barète |
| La colombe | roucoule |
| L'hippopotame | grogne |
| Le lion | rugit |
| Le mouton | bêle |
| La chèvre | bêle |

| Le hibou | bouboule |
| --- | --- |
| L'hirondelle | gazouille |
| Le perroquet | parle |
| Le serpent | siffle |

Et voilà comment le serpent appela Eve par en sifflotant comme un jeune homme qui veut faire la cour à une jeune fille inconnue de lui.

Un bon chasseur doit connaître le cri de chaque bête des champs pour ne pas tomber dans son piège.

Le cri produit un son, une tonalité ou un bruit que notre oreille récupérer et conduit vers le cerveau en passant parle système nerveux pour une bonne interprétation.

Quand on entend mal, on est mal parti et rien de bon de peut en sortir.

Le vent souffle et l'entend mais on ne sait ni d'où il vient, ni où il va. Il y a un langage derrière le son du vent. Quand le son est doux, c'est une brise et quand il est fort, c'est une tempête. Et

Dieu agit de fois par la brise et de fois par la tempête.

Il faut seulement avoir de bonnes oreilles.

Les tonnerres ont aussi un langage qui ne peut être bien interprété que par celui qui l'a bien entendu.

Les trompettes ont aussi un son qui annonce un événement de bonheur ou de malheur.

Et dans le livre de Révélation, nous voyons que les sons des trompettes et des tonnerres ont été utilisés à plusieurs reprises pour communiquer à Jean une certaine suite d'événements présents ou à venir.

Le tam-tam fut utilisé pour transmettre un message d'un village à un autre dans le passé. Et aujourd'hui, grâce à la technologie, nous avons le téléphone et l'ordinateur qui nous facilitent bien la tâche en cette matière.

Les gens rincent la bouche pour bien parler chaque matin et rarement ils nettoient leurs oreilles pour mieux entendre la Parole de Dieu.

Sur ordre de Dieu les oiseaux vivent dans les airs, les animaux dans les champs, les poissons dans les eaux et les hommes doivent vivre dans la Parole de Dieu car ils ont été créés à l'image et la ressemblance de Dieu.

La sirène sur la route annonce le passage d'une autorité et dans une école ou dans une cité, elle marque la succession des heures justes.

En tout cela, nous devons avoir une bonne oreille pour distinguer les différents sons afin de répondre correctement au besoin personnel et à celui des autres car nous ne serons jamais seuls.

Il existe une manière spécifique de vivre en tant qu'enfants de Dieu.

Il y a eu plusieurs alliances entre Dieu et les hommes et nous pouvons retenir 8 grandes alliances parmi elles:

- L'Alliance du Jardin d'Eden ou l'Alliance Édénique

- L'Alliance d'Adam ou l'Alliance Adamique
- L'Alliance de Noé ou Alliance Noachique
- L'Alliance d'Abraham ou Alliance Abrahamique
- L'Alliance d'Israël ou de la Palestine ou celle de la Terre Promise
- L'alliance de Moïse ou Alliance Mosaïque
- La Nouvelle Alliance ou Alliance de Golgotha

Les 7 premières constituent l'Ancienne Alliance et la dernière alliance est la Novelle Alliance que Jésus prononça à la table du Seigneur.

« ***Car ceci est mon sang, le sang de l'alliance, qui est répandu pour plusieurs, pour la rémission des péchés.*** » Mathieu 26 :28

Les hommes aussi ont conclu des alliances au fil des temps et nous ne saurions pas dans le présent exposé les épuiser.

Le mariage se concrétise dans la vie de plusieurs personnes par les anneaux d'alliance maritale.

Cependant la vraie alliance est celle qui est cachée et sournoise dans le fond du cœur.

L'écoute des termes et conditions de toutes ces alliances est la base de la réussite, du succès et de la victoire car Dieu ne change pas.

Il a déjà fait sa part et nous les hommes, nous devons aussi faire notre part.

Dans les messages destinés aux sept églises d'Asie Mineure dans le livre d'Apocalypse, sept fois, il est écrit :

« ***Que celui qui a des oreilles pour entendre, entende ce que l'Esprit dit aux églises.*** » Apocalypse 3 :6 :

En d'autres termes, il y a deux types d'oreilles

- Les oreilles pour entendre et
- Les oreilles fantaisistes

Quels types d'oreilles avez-vous ?

Quels types d'oreilles avons-nous ?

Quels types d'oreilles ont-ils ?

A chacun de nous de se le dire dans le fond de son cœur car on peut tromper tout le monde, sauf son ombre, sa conscience et son Dieu.

Ma prière est que chacun de nous ait de bonnes oreilles pour mieux entendre.

Et pour entendre quoi ?

Pour entendre la Parole de Dieu et non celle des hommes, comme il est écrit :

« ***Ne vous conformez pas au siècle présent, mais soyez transformés par le renouvellement de l'intelligence, afin que vous discerniez quelle est la volonté de Dieu, ce qui est bon, agréable et parfait.*** » Romains 12 :2

Ne te conforme pas au siècle présent.

Ne nous conformons pas au siècle présent.

Ne vous conformez pas au siècle présent.

Soyons tous transformés par le renouvellement de l'intelligence, afin que nous discernions quelle est la volonté de Dieu, ce qui est bon, agréable et parfait.

Sans de bonnes oreilles pour entendre ce que l'Esprit dit aux églises, nous ne saurions pas respecter correctement et raisonnablement pas notre alliance avec Dieu.

Non seulement notre alliance avec Dieu, mais devons aussi respecter nos alliances avec les hommes en famille, dans la société et dans le monde tout entier tout au long de notre randonnée sur cette terre.

Et il y a où il y a deux ou trois personnes, il faudra que les gens s'accordent pour réussir dans ce qu'ils entreprennent. Je ne veux pas parler des associations des malfaiteurs dans lesquelles les membres s'arrangement pour nuire et léser les autres.

Je souligne que ce présent exploit a pour domaine de définition les 7 grandes alliances entre Dieu et les hommes à la lumière des Saintes Ecritures.

Celui qui écoute mal, sera toujours en erreur !

Celui qui a bien compris pourra vite et bien se remettre en cause et se repentir, se réconcilier avec Dieu et être restauré pour un nouveau kilomètre de paix et de joie avec le Seigneur.

Ecouter attentivement est une sagesse inépuisable.
La foi vient de ce que l'on entend et ce que l'a entend vient de la parole de Dieu.

Celui qui n'a pas bien écouter, ne peut rien faire d'efficace.

« ***Jésus répondit: Voici le premier: Ecoute, Israël, le Seigneur, notre Dieu, est l'unique Seigneur; et: Tu aimeras le Seigneur, ton Dieu, de tout ton cœur, de toute ton âme, de toute ta pensée, et de toute ta force.*** » Marc 12:29-30
Tout comme Israël tout le long des âges, Nicodème en son temps n'avait pas écouté totalement le Seigneur. Il devait écouter le Seigneur Jésus dans l'enseignement sur la nouvelle naissance.

Cependant la femme samaritaine avait bien écouté le Seigneur Jésus et alla apporter la Bonne Nouvelle dans toute la ville de Samarie.

Nous avons une grande et précieuse mission d'annoncer cette Bonne Nouvelle du Royaume à toutes les nations.

Et aujourd'hui, en ce siècle de vitesse et de haute technologie, nous pouvons nous servir même des réseaux sociaux pour atteindre beaucoup plus d'âmes perdues et les ramener à la volonté captive du Seigneur de toute gloire.

Telle est la mission commune des enfants de Dieu reprise dans les dernières paroles du Seigneur sur cette terre.

« ***Comme il se trouvait avec eux, il leur recommanda de ne pas s'éloigner de Jérusalem, mais d'attendre ce que le Père avait promis, ce que je vous ai annoncé, leur dit-il;***

***Car Jean a baptisé d'eau, mais vous, dans peu de jours, vous serez baptisés du Saint Esprit.***

***Alors les apôtres réunis lui demandèrent: Seigneur, est-ce en ce temps que tu rétabliras le royaume d'Israël?***

*Il leur répondit: Ce n'est pas à vous de connaître les temps ou les moments que le Père a fixés de sa propre autorité.*

*Mais vous recevrez une puissance, le Saint Esprit survenant sur vous, et vous serez mes témoins à Jérusalem, dans toute la Judée, dans la Samarie, et jusqu'aux extrémités de la terre.*

***Après avoir dit cela, il fut élevé pendant qu'ils le regardaient, et une nuée le déroba à leurs yeux.***

***Et comme ils avaient les regards fixés vers le ciel pendant qu'il s'en allait, voici, deux hommes vêtus de blanc leur apparurent,***

***Et dirent: Hommes Galiléens, pourquoi vous arrêtez-vous à regarder au ciel?*** *Ce Jésus, qui a été enlevé au ciel du milieu de vous, viendra de la même manière que vous l'avez vu allant au ciel.* » Actes 1 :4-11

Et le jour de la Pentecôte, ils furent ainsi tous baptisés du Saint-Esprit conformément à la Parole entendue de la bouche du Seigneur Jésus.

Ils avaient respecté les consignes données. Ils restèrent à Jérusalem jusqu'à l'accomplissement de la Parole prononcée par le Seigneur sur eux.

Nous aussi aujourd'hui nous attendons le retour glorieux du Seigneur sur les airs afin que ce corps mortel soit revêtu de l'immortalité et que nous puissions tous aller à la rencontre de notre Seigneur.

L'Auteur

# ALLIANCE DU JARDIN D'EDEN OU ALLIANCE EDENIQUE

Cette alliance est le premier accord que Dieu conclut avec Adam avant même la formation de la femme pour lui permettre de cohabiter avec lui.

Elle est aussi appelée l'Alliance Edénique. Elle commence avec la formation de l'homme et se termine avec la fermeture du Jardin d'Eden.

« ***L'Eternel Dieu prit l'homme et le plaça dans le jardin d'Eden pour le cultiver et le garder. L'Eternel donna cet ordre à l'homme : Tu pourras manger de tous les fruits du jardin ; Mais tu ne mangeras pas de l'arbre de la connaissance du bien et du mal, car le jour où tu en mangeras, tu mourras certainement.*** » Genèse 2 : 15-17

Le Jardin d'Eden était un lieu de bonheur, de délice et de jouissance pour Adam et Eve ainsi que pour tous les hommes.

Ce fut un jardin planté par Dieu lui-même et il y avait un accord à observer et à respecter pour y vivre selon la volonté de Dieu. Il fallait demeurer fidèle à la Parole entendue de la bouche de Dieu pour garder cette place de gloire et de notoriété.

Le secret fondamental était celui d'écouter la Parole de Dieu, de la garder dans l'obéissance, la fidélité et la discipline.

La part de Dieu était celle de planter le jardin en Eden et de fixer les conditions et termes pour rester dans cette joie et dans ce bonheur pour toujours.

Cette alliance du jardin d'Eden avait trois recommandations pour la part de l'homme:

- Garder le jardin,
- Le cultiver et
- Ne pas manger de l'arbre de la connaissance du bien et du mal.

Adam vécut avec Dieu pendant un temps dont la Bible ne nous donne pas la durée dans le strict respect de ces trois recommandations de Dieu dans l'obéissance, la fidélité et la discipline.

Adam ne savait pas qu'il y avait beaucoup de richesses dans le sous-sol et dans les eaux. C'était pendant la dispensation de l'innocence. Le jardin ainsi que tout ce qui y trouvait, étaient soumis à Adam et les choses se passaient très bien entre lui et Dieu.

Tous les animaux portaient le nom que leur avait donné Adam. L'harmonie, la joie et la paix étaient constantes jour après jour.

Adam qui avait bien écouté les instructions reçues de la part de Dieu, les garda dans son cœur et vécut dans la crainte, l'obéissance, la fidélité et la discipline pendant toute la durée de temps qu'il passa seul dans la présence de Dieu.

Il cultivait le jardin et le gardait. En cela, nous voyons que le travail bien fait est une adoration. Adam n'a jamais prié comme nous le faisons. Sa prière, sa louange, son adoration ainsi que son culte étaient enfoui dans le travail bien fait, la crainte de Dieu, l'obéissance, la fidélité et la discipline.

Dans cette alliance édénique, le ciel était représenté par Dieu et la terre était représentée par Adam. C'était le signe de la dualité.

- le ciel et la terre,
- Dieu et Adam.
- La vie éternelle était cachée dans l'Arbre de vie et la mort sans fin était dans l'Arbre de la connaissance du bien et du mal.

Le fruit de l'Arbre de la connaissance du bien et du mal lui était interdit car en le mangeant, il provoquerait la mort. Et Adam demeura intègre à la volonté de Dieu.

Chaque soir, le Seigneur Dieu venait lui rendre visite et tout allait bien comme sur des roulettes.

Malheureusement les prédicateurs ne parlent pas beaucoup de la crainte de Dieu, l'obéissance, la fidélité et la discipline d'Adam avant sa chute.

Les bienfaits passent souvent inaperçus aux yeux des hommes. Et le mal est présenté au grand jour par ceux-là qui veulent nuire aux autres.

Dans cette alliance édénique correspondant à la dispensation de l'innocence, Adam était pareil à comme un petit enfant restant dans le même lit que ses propres parents.

Il eut cette faveur sans précédente de vivre avec Dieu et de le voir sans mourir.

Il y a eu des gens qui ont vu Dieu sans mourir. Moïse parla avec Dieu bouche à bouche pendant 40 jours et 40 nuits sans mourir. Jean de l'Apocalypse qui fut emporté au ciel vit Dieu sans mourir.
Et toi aussi, tu pourras aussi voir Dieu dans ton cœur, qui représente aujourd'hui le Jardin d'Eden, dans la crainte, l'obéissance, la fidélité et la discipline de sa Parole.

Le vrai culte ne consiste pas à faire inutilement beaucoup de bruit dans la prière, mais son expression se trouve dans notre attachement et notre dépendance envers Dieu.

Dieu est notre Père et nous sommes ses enfants bien aimés dans sa présence qui se manifeste d'abord dans notre cœur comme ce fut dans le cas d'Adam au Jardin d'Eden.

Rentrons à cette école édénique pour contempler le Dieu du travail bien fait afin de revivre cette harmonie d'enfant dans le lit des parents.

Seul dans le Jardin d'Eden, les choses se passèrent bien jusqu'au jour où Dieu forma la femme de l'os tiré de l'homme.

## L'HOMME ET LA FEMME DANS LE JARDIN D'EDEN

« ***L'Éternel Dieu forma une femme de la côte qu'il avait prise de l'homme, et il l'amena vers l'homme.***

***Et l'homme dit: Voici cette fois celle qui est os de mes os et chair de ma chair! On l'appellera femme, parce qu'elle a été prise de l'homme.***

***C'est pourquoi l'homme quittera son père et sa mère, et s'attachera à sa femme, et ils deviendront une seule chair.***

***L'homme et sa femme étaient tous deux nus, et ils n'en avaient point honte.*** » Genèse 2 :22-25

L'homme et la femme, sur initiative de Dieu vécurent pendant un temps dans l'obéissance et la fidélité de la Parole de Dieu.

Les deux étaient nus, et ils n'avaient point honte. Cela veut dire que jusque là ils n'avaient pas encore eu la connaissance du bien et du mal. Ils étaient semblables à deux petits enfants dans le lit des parents de pouvaient continuer à y dormir jusqu'à la fin de leur innocence.

Un peu plus tard, quelque chose se produisit. Ce fut l'incursion du diable dans le Jardin d'Eden.

Cette alliance adamique venait d'être visitée par deux hôtes :

- La femme,
- Le serpent.

Que va-t-il se passer ?

« ***Le serpent était le plus rusé de tous les animaux des champs, que l'Éternel Dieu avait faits. Il dit à la femme: Dieu a-t-il réellement dit: Vous ne mangerez pas de tous les arbres du jardin?***

***La femme répondit au serpent: Nous mangeons du fruit des arbres du jardin.***

***Mais quant au fruit de l'arbre qui est au milieu du jardin, Dieu a dit: Vous n'en mangerez point et vous n'y toucherez point, de peur que vous ne mouriez.***

***Alors le serpent dit à la femme: Vous ne mourrez point;***

***Mais Dieu sait que, le jour où vous en mangerez, vos yeux s'ouvriront, et que vous serez comme des dieux, connaissant le bien et le mal.***

***La femme vit que l'arbre était bon à manger et agréable à la vue, et qu'il était précieux pour ouvrir l'intelligence; elle prit de son fruit, et en mangea; elle en donna aussi à son mari, qui était auprès d'elle, et il en mangea.*** » Genèse 3 :1-7

Il y a toujours deux types de visiteurs à la porte de notre cœur :

- Le visiteur du type d'Eve et
- Le visiteur du type du serpent ancien.

Le visiteur du type Eve apporte la joie que nous devons bien gérer pour la faire durer longtemps et le visiteur du type du serpent vient pour gâcher les choses.

Qui est en train de frapper à la porte de ton cœur ?

J'aimerais bien que le Seigneur Jésus qui est déjà entré en ton cœur puisse t'éclairer suffisamment afin que tu puisses bien l'identifier afin tu continues ta randonnée dans la crainte, l'obéissance, la fidélité et la discipline.

## LA RUSE

Le Serpent était l'animal le plus rusé de toutes les bêtes des champs. Le diable cherche le superlatif pour séduire les enfants de Dieu afin qu'ils soient chassés du lit des parents pour aller pleurer et souffrir au dehors.

Il est l'ennemi de notre bonheur. Il choisi les personnes les plus éloquentes, les plus riches et les plus belles de visage pour séduire les enfants de Dieu et les faire chasser de sa présence.

Il avait totalement échoué en allant directement vers Adam et comprit que ce dernier aimait beaucoup Eve, sa femme et la mère de tous les vivants et passa finalement par elle pour atteindre son objectif maléfique et pernicieux.

Regardez autour de vous et vous remarquerez que les belles filles se marient difficilement et péniblement, car le diable se sert d'elles pour détruire le mariage des autres.

Les prostituées ont un langage séduisant et poli du serpent, cette bête des champs pour détacher les maris de leurs femmes légitimes.

En effet, dans les champs, c'est la loi de la jungle qui est d'application. Le plus fort a toujours raison et le faible n'a que de devoirs sans aucun droit de vie et de survie.

Eve fut la faiblesse ou la porte d'entrée du diable dans la vie d'Adam qui était toujours fidèle à Dieu.
« ***Dieu a-t-il réellement dit: Vous ne mangerez pas de tous les arbres du jardin?*** »

Question avec un piège caché !

Le serpent posa une question qui créa le doute et l'inconstance dans la femme qui avait prêté ses oreilles à ses paroles pleines de ruse et de séduction.

Le doute, l'hésitation et l'incertitude refroidissent notre foi et nous fait couler dans les ténèbres comme Pierre quand il eut peur alors qu'il marchait déjà sur les eaux du lac de Galilée à la rencontre de notre Seigneur Jésus.

Elle fut obligée de répondre parce qu'elle avait déjà prêté ses oreilles à l'animal le plus rusé de toutes les bêtes des champs.

« ***Mais quant au fruit de l'arbre qui est au milieu du jardin, Dieu a dit: Vous n'en mangerez point et vous n'y toucherez point, de peur que vous ne mouriez.*** »

Voilà ce qui arrive quand l'on prête ses oreilles au diable ou à ses acolytes. Elle vient d'ajouter ce que Dieu ne leur avait pas interdit. Dieu s'était arrêté par le verbe « manger », mais elle avait poussé plus loin pour parler du verbe « toucher ».

Je crois fermement que ce fruit pouvait même être utilisé comme une balle de tennis par nos premiers parents sans que rien ne leur advienne jusqu'au jour où ils finiraient par le manger.

Celui qui a touché, n'a pas mangé. Mais celui qui a mangé, a aussi touché !

« ***Vous ne mourrez point;*** »

Voici le mensonge du diable. Il fait toujours croire aux gens que la Parole de Dieu n'est pas vraie alors que c'est lui le père du mensonge.

Elle pouvait appeler Adam pour la soutenir en cette visite improvisée et non fondée. Au contraire, elle se prenait pour une évangéliste et cherchait alors à gagner ce nouveau croyant pour l'accroissement numérique de la paroisse d'Adam dans le Jardin d'Eden.

Elle n'était pas à la hauteur de contourner cette tentation et cette propension malicieuse. Ce qui la poussa à avoir plus confiance en le diable qu'en Dieu !

« ***Vous serez comme des dieux…*** »

Voilà le mensonge et la facétie du diable.
Cela ressemble au jeu du pharmacien qui met un peu de sucre sur le comprimé amer pour le faire avaler à la volée au patient avec un peu d'eau. Dans la bouche, c'est bien bon, mais dans le ventre, c'est une herbe amère et acide.

Et cette petite couche de sucre au-dessus du comprimé amer est le mensonge mélangé à la ruse dans la bouche du diable comme une tasse chaude de café au lait.

Quand on prend du café au lait on ne sait pas déterminer la quantité de café et de lait consommée. C'est peut-être plus de lait que de café, ou alors plus de café que de lait.

« ***La femme vit que l'arbre était bon à manger et agréable à la vue, et qu'il était précieux pour ouvrir l'intelligence; elle prit de son fruit, et en mangea;*** »

L'oreille influença l'œil et elle crut être enfin du bon côté alors qu'elle allait tout droit dans un gouffre profond plein des ténèbres et sans voie de recours ni de secours. C'était une véritable chute libre.

L'œil à son tour influença la main qui lui permit en ce jour de triste mémoire de prendre le fruit de l'Arbre de la connaissance du bien et du mal.

Dans une chute libre, il n'y a pas de marche arrière malgré le rétroviseur, si et seulement si, il pourrait il y en avoir !
La main à son tour influença la bouche et l'infraction fut ainsi totalement et intégralement consommée pour Eve.

« ***Elle en donna aussi à son mari, qui était auprès d'elle, et il en mangea***... »

Le mensonge est contagieux. Et voilà comment la désobéissance ne s'arrêta pas au niveau d'Eve seulement. Elle poursuivit son chemin jusqu'à atteindre son époux Adam et de là, elle atteignit l'humanité toute entière.

Pourquoi Eve ne mourut point sur le champ après avoir mangé le fruit de l'Arbre de la connaissance du bien et du mal ?

D'abord, il y a ce que l'on appelle l'inertie qui fait que dans une descente, un véhicule peut continuer à rouler alors que le moteur est déjà arrêté. Mais dans une montée, le même véhicule ne va pas continuer à monter après que le moteur soit coupé. Bien au contraire, il va descendre en marche arrière à moins que l'on le freine ou que l'on place une pierre derrière au l'un des pneus à l'arrière du véhicule.

Eve était déjà morte spirituellement mais physiquement, elle croyait que tout ce que le diable lui avait raconté était vrai.

Et c'est quand Adam mangea aussi du fruit de l'Arbre de la connaissance du bien et mal que :

« ***Les yeux de l'un et de l'autre s'ouvrirent, ils connurent qu'ils étaient nus, et ayant cousu des feuilles de figuier, ils s'en firent des ceintures.*** »

Les yeux d'Adam, la cible juré du diable, s'ouvrirent avant ceux d'Eve alors que ce fut elle qui mangea la première du fruit de l'Arbre de la connaissance du bien et du mal.

Ils connurent alors qu'ils étaient nus et eurent honte de rester ainsi. Il fallait une solution à leur manière t non plus à celle de Dieu qu'ils le croyaient être absent alors qu'il est Omniprésent. La voie de l'homme sans Dieu n'est qu'un figuier.

J'aimerais dire à quelqu'un que notre Dieu est là quand nous péchons. Il est là quand nous nous repentons et il nous pardonne en nous demandant de ne plus revenir aux mêmes mauvaises choses. Et curieusement, nous y revenons encore et nous allons une fois de plus à l'estrade du repentir pour implorer son pardon par surcroît.

Dans son amour infini, il nous pardonne, mais il sera obligé de nous corriger par un châtiment comme un bon père ramène sur la bonne voie tout enfant indocile.

C'était bien fini. L'homme et la femme étaient morts spirituellement alors que vivants dans la chair, juste pour un temps.

Quelqu'un me dira qu'ils vécurent plus de 900 ans, malgré leur chute et leur renvoi du Jardin d'Eden.

Mais moi je répondrai à une pareille personne qu'ils moururent le même jour car un jour est comme mille ans et mille ans comme un jour devant Dieu. ***2 Pierre 3 :8***

## LE FIGUIER

Après la chute, ils prirent les feuilles de figuier et en firent des vêtements qu'ils mirent à leur ceinture pour couvrir leur honte.

Les deux petits enfants qui dormaient dans le lit des parents sont chassés de la chambre à coucher car ils connaissent maintenant le bien et le mal par la voie de la ruse et du mensonge du diable.

Le figuier représente la pensée l'homme et du diable pour résoudre les problèmes des enfants de Dieu.

On ne peut pas amener une voiture Mercedes dans un garage Toyota, par exemple ; car ce n'est pas la même marque.

Les feuilles de figuier devaient se sécher le soir du même jour et pouvaient même les exposer aux bêtes des champs qui étaient tous des herbivores en ce temps-là.

N'imitons pas le comportement d'Adam et Eve, retournons vers l'Arbre de vie qui est Jésus-Christ notre Seigneur et notre Sauveur pour nous repentir, nous réconcilier avec Dieu afin qu'il nous restaure spirituellement, physiquement, matériellement, financièrement et même émotionnellement.

# LA VOIX DE L'ETERNEL

« *Alors ils entendirent la voix de l'Eternel Dieu, qui parcourait le jardin vers le soir, et l'homme et sa femme se cachèrent loin de la face de l'Eternel Dieu, au milieu des arbres du jardin.*

*Mais l'Eternel Dieu appela l'homme, et lui dit: Où es-tu?*

*Il répondit: J'ai entendu ta voix dans le jardin, et j'ai eu peur, parce que je suis nu, et je me suis caché.*

*Et l'Éternel Dieu dit: Qui t'a appris que tu es nu? Est-ce que tu as mangé de l'arbre dont je t'avais défendu de manger?*

*L'homme répondit: La femme que tu as mise auprès de moi m'a donné de l'arbre, et j'en ai mangé.* » Genèse 3 :8-12

La voix de Dieu vint au soir, alors qu'ils avaient déjà consommé leur forfait. La solution de Dieu ne vient pas du figuier mais de l'Arbre de Vie qui est sa Parole.

Ils entendirent enfin la voix de Dieu et se cachèrent devant sa face au milieu des arbres du jardin. Mais Dieu appela seulement l'homme par son nom.

## LA RESPONSABILITE

Le péché est venu par la femme qui fut séduite par le serpent, mais Dieu s'adressa au responsable établi dans le Jardin d'Eden bien avant la formation d'Eve.

Nous devons être des responsables dans notre marche avec Dieu car il ne laissera aucune faute impunie.

Si cela pouvait se passer devant le juge de ce monde, ce dossier devait être considéré comme un cas du serpent et consorts.

Au fait, le premier coupable fut le serpent qui s'est introduit comme un voleur dans le Jardin d'Eden. Le second, ce serait Eve et le troisième Adam. Cependant notre Dieu, commença par interpeler Adam qu'il avait placé comme gérant dans le Jardin D'Eden pour lui demander où il était car n'étant plus au lieu de rendez-vous habituel.

« ***Où es-tu ?*** »

A côté de l'Arbre de la connaissance du bien et du mal ?

A côté du figuier ?

A côté de l'Arbre de Vie ?

Que chacun rentre en soi-même pour trouver la réponse appropriée car le lieu détermine l'action. Celui qui est dans la chambre à coucher, dort. Celui qui est dans la salle de bain se lave et celui qui est à l'église est en pleine prière.

« ***Où es-tu ?*** »

« ***J'ai entendu ta voix dans le jardin, et j'ai eu peur, parce que je suis nu, et je me suis caché.*** »

Cette réponse est hors sujet. Adam répondit à la question qui était dans son cœur et non à celle de Dieu.

Le fautif, le coupable, le délinquant et l'infidèle cherche toujours à se justifie au lieu de se repentir et poursuit à trouver  comment se faire pardonner afin de se réconcilier avec Dieu.

La justification n'est pas une excuse à la faute commise. Adam et Eve ne devaient pas écouter la voix du diable caché dans le serpent. Ils devaient tenir ferme dans la Parole de Dieu qui consistait à ne pas manger du fruit de l'Arbre de connaissance du bien et du mal, surtout que le diable lui-même n'en prit point !

Si cet arbre-là était bon pour la cause, le serpent devenir en prendre le fruit afin de devenir un homme et ainsi les hommes devaient en prendre pour devenir à leur tour des dieux.

Curieusement cela ne fut pas le cas. De même que le commissionnaire n'habite pas dans la même maison que le bailleur ou le locataire, ainsi le serpent ne mangea pas du fruit de l'Arbre de la connaissance du bien et du mal.

Il vit dans des bicoques et dans des cabanes mais joue d'intermédiaire entre ceux-là qui vivent mieux que lui.

Rappelez-vous que le diable est menteur. Il est le père du mensonge. Il ne vient que pour voler, tuer et détruire. Et ce jour-là, il vint à l'instar du commissionnaire pour provoquer la séparation entre Dieu et Adam.

Il ne peut pas nous sauver car il est déjà lui-même perdu pour l'éternité.

« ***Qui t'a appris que tu es nu? Est-ce que tu as mangé de l'arbre dont je t'avais défendu de manger?*** »

Dieu clarifie la question pour qu'Adam comprenne bien, car il n'avait plus des oreilles pour bien entendre la voix de Dieu.

« ***La femme que tu as mise auprès de moi m'a donné de l'arbre, et j'en ai mangé.*** »

L'accusateur, c'est le diable. Ne lui ressemblons pas. Soyons humbles et reconnaissons nos fautes, repentons-nous, réconcilions-nous avec notre Dieu afin qu'il nous restaure.

Adam accusa sa femme devant Dieu alors que Jésus prit notre place à la croix ce jour-là.

« ***Jésus, sachant tout ce qui devait lui arriver, s'avança, et leur dit: Qui cherchez-vous?***

***Ils lui répondirent: Jésus de Nazareth. Jésus leur dit: C'est moi. Et Judas, qui le livrait, était avec eux.***

***Lorsque Jésus leur eut dit: C'est moi, ils reculèrent et tombèrent par terre.***

***Il leur demanda de nouveau: Qui cherchez-vous? Et ils dirent: Jésus de Nazareth.***

***Jésus répondit: Je vous ai dit que c'est moi. Si donc c'est moi que vous cherchez, laissez aller ceux-ci.*** » Jean 18 :4-8

Le Seigneur Jésus est notre Epoux responsable, garant et protecteur. Il nous a sauvés et il nous donné le Saint-Esprit afin que nous puissions vaincre le péché.

Il a pris notre place à la croix car le salaire du péché, c'est la mort.

Et comme la mort ne pouvait pas le retenir, il ressuscita au troisième jour comme Pierre le dit aux foules le jour de la Pentecôte.

« ***Hommes Israélites, écoutez ces paroles! Jésus de Nazareth, cet homme à qui Dieu a rendu témoignage devant vous par les miracles, les prodiges et les signes qu'il a opérés par lui au milieu de vous, comme vous le savez vous-mêmes;***

***Cet homme, livré selon le dessein arrêté et selon la prescience de Dieu, vous l'avez***

*crucifié, vous l'avez fait mourir par la main des impies.*

*Dieu l'a ressuscité, en le délivrant des liens de la mort, parce qu'il n'était pas possible qu'il fût retenu par elle.*

*Car David dit de lui: Je voyais constamment le Seigneur devant moi, parce qu'il est à ma droite, afin que je ne sois point ébranlé.*

*Aussi mon cœur est dans la joie, et ma langue dans l'allégresse; et même ma chair reposera avec espérance,*

*Car tu n'abandonneras pas mon âme dans le séjour des morts, et tu ne permettras pas que ton Saint voie la corruption.*

*Tu m'as fait connaître les sentiers de la vie, Tu me rempliras de joie par ta présence.*

*Hommes frères, qu'il me soit permis de vous dire librement, au sujet du patriarche David, qu'il est mort, qu'il a été enseveli, et que son*

***sépulcre existe encore aujourd'hui parmi nous.***

***Comme il était prophète, et qu'il savait que Dieu lui avait promis avec serment de faire asseoir un de ses descendants sur son trône,***

***C'est la résurrection du Christ qu'il a prévue et annoncée, en disant qu'il ne serait pas abandonné dans le séjour des morts et que sa chair ne verrait pas la corruption.***

***C'est ce Jésus que Dieu a ressuscité; nous en sommes tous témoins.***

***Élevé par la droite de Dieu, il a reçu du Père le Saint Esprit qui avait été promis, et il l'a répandu, comme vous le voyez et l'entendez.***

***Car David n'est point monté au ciel, mais il dit lui-même: Le Seigneur a dit à mon Seigneur: Assieds-toi à ma droite,***

***Jusqu'à ce que je fasse de tes ennemis ton marchepied.***

***Que toute la maison d'Israël sache donc avec certitude que Dieu a fait Seigneur et Christ ce Jésus que vous avez crucifié.***

***Après avoir entendu ce discours, ils eurent le cœur vivement touché, et ils dirent à Pierre et aux autres apôtres: Hommes frères, que ferons-nous?***

***Pierre leur dit: Repentez-vous, et que chacun de vous soit baptisé au nom de Jésus Christ, pour le pardon de vos péchés; et vous recevrez le don du Saint Esprit.***

***Car la promesse est pour vous, pour vos enfants, et pour tous ceux qui sont au loin, en aussi grand nombre que le Seigneur notre Dieu les appellera.*** » Actes 2 :22-39

Le Seigneur Jésus est le modèle sublime, remarquable et remarqué de notre salut. Adam nous a vendu au péché et Jésus est venu pour nous racheter et nous donner la vie éternelle qui ne se trouve qu'en lui.

La promesse de la venue du Seigneur sur la terre remonte à l'Alliance Edénique et à la Dispensation de l'Innocence.

Après la chute de nos premiers parents, ils se rendirent compte qu'ils étaient nus et cueillirent les feuilles de figuier et en firent des vêtements qu'ils mirent à leur ceinture.

Qui avait dit à Eve que cet Arbre de la connaissance du bien et du mal était bon à manger ?

Ce fut le diable.

Et qui en avait parlé à Adam ?

Ce fut Eve.

C'est ainsi que Dieu remonta à la source du mal pour maudire le serpent et placer une inimitié en sa postérité et celle de la femme. Et ce fut en ce jour précis que Dieu annonça la venue du Seigneur Jésus par la femme dans le monde pour détruire les œuvres du diable en l'écrasant par la tête.

David en son temps, étant prophète et roi à la fois vit de loin le Seigneur assis à la droite de Dieu dans la gloire et la victoire d'avoir fait de tous ses ennemis son marchepied.

Et le marchepied de Dieu, c'est la terre où le diable fut précipité, où il rugit comme un lion cherchant qui dévorer car il sait bien qu'il a très peu de temps avant d'être jeté dans la géhenne pour la destruction et la ruine éternelles.

Esaïe le prophète parla de la venue de notre Seigneur Jésus-Christ ainsi que plusieurs autres prophètes.

« ***Car un enfant nous est né, un fils nous est donné, et la domination reposera sur son épaule; On l'appellera Admirable, Conseiller, Dieu puissant, Père éternel, Prince de la paix.*** » Esaïe 9 :6

C'est Dieu qui nous a donné son Fils Unique dans la promesse faite à Eve dans le Jardin après la chute de nos premiers parents.

Il transporta sur son épaule la domination, l'autorité, le pouvoir, la puissance et la dictature du diable le jour où il descendit dans les eaux du Jourdain pour être baptisé par Jean le Baptiste.

Et le lendemain de ce jour-là, Jean le confirma en disant à ses disciples :

« ***Le lendemain, il vit Jésus venant à lui, et il dit: Voici l'Agneau de Dieu, qui ôte le péché du monde.***

***C'est celui dont j'ai dit: Après moi vient un homme qui m'a précédé, car il était avant moi.***

***Je ne le connaissais pas, mais c'est afin qu'il fût manifesté à Israël que je suis venu baptiser d'eau.***

***Jean rendit ce témoignage: J'ai vu l'Esprit descendre du ciel comme une colombe et s'arrêter sur lui.***

***Je ne le connaissais pas, mais celui qui m'a envoyé baptiser d'eau, celui-là m'a dit: Celui sur qui tu verras l'Esprit descendre et***

***s'arrêter, c'est celui qui baptise du Saint Esprit.***

***Et j'ai vu, et j'ai rendu témoignage qu'il est le Fils de Dieu.*** » Jean 1 :29-34

Il porte cinq noms comme les cinq doigts de la main droite de Dieu pour éclairer et sanctifier les cinq ministères et les cinq sens de l'homme.

« ***On l'appellera Admirable, Conseiller, Dieu puissant, Père éternel, Prince de la paix.*** » Esaïe 9 :6b

Seul Jésus est la Promesse Admirable de Dieu pour tous les hommes de la terre.

Il est aussi le seul Conseiller en matière du salut des âmes et la vie éternelle.

Il est le Dieu Puissant car tout pouvoir lui a été donné dans les cieux, sur la terre et sous la terre et que toute langue devra confesser que Jésus est Seigneur à la gloire de Dieu le Père.

C'est lui le Père Eternel. Le prophète Esaïe avait déjà répondu la question de Philippes qui cherchait à voir le Père.

« ***Philippe lui dit: Seigneur, montre-nous le Père, et cela nous suffit.***

***Jésus lui dit: Il y a si longtemps que je suis avec vous, et tu ne m'as pas connu, Philippe! Celui qui m'a vu a vu le Père; comment dis-tu: Montre-nous le Père?***

***Ne crois-tu pas que je suis dans le Père, et que le Père est en moi? Les paroles que je vous dis, je ne les dis pas de moi-même; et le Père qui demeure en moi, c'est lui qui fait les œuvres.***

***Croyez-moi, je suis dans le Père, et le Père est en moi; croyez du moins à cause de ces œuvres.*** » Jean 14 :8-11

Jésus est aussi le Prince de paix. Ce n'est pas avec les armes atomiques, androïdes que la paix viendra dans ce monde. Elle viendra quand tous accepteront Jésus comme Seigneur et Sauveur personnel en lui donnant une place de choix dans leur cœur.

En ce moment-là, il n'y aura qu'un troupeau pour un seul Berger, le Seigneur Jésus, le Prince de la Paix.

Eve crut à la naissance de Caïn que c'était ce dernier le vengeur de l'Alliance Edénique de la Dispensation de l'Innocence.

Elle était complètement en erreur et vit la mort d'Abel en lieu et place de la vengeance sur le serpent.

La postérité de la femme vint par une femme vierge appelée Marie, comme il est écrit :

« ***C'est pourquoi le Seigneur lui-même vous donnera un signe. Voici, la jeune fille deviendra enceinte, elle enfantera un fils, et elle lui donnera le nom d'Emmanuel.*** » Esaïe 7 :14

Marie, la mère du Seigneur devint enceinte par la puissance du Saint-Esprit qui est Dieu lui-même. En ce jour-là s'accomplit ainsi la promesse faite à Eve, la Première Femme et la mère de tous les vivants.

Il fallait avoir un enfant sans passer par un homme. De même que la mort est entrée dans le monde entier par la séduction de la femme par le diable, ainsi la vie éternelle est venue par le Fils Unique en passant par une femme, Marie, la mère du Seigneur sous l'ombre du Saint-Esprit.

Emmanuel, Dieu au milieu de nous vint et accomplit ainsi la promesse faite à Eve dans le Jardin d'Eden.

## QUE FAIRE ?

Pour ceux qui n'ont pas encore fait une rencontre personnelle avec le Seigneur Jésus, qu'ils se repentent et qu'ils croient de tout leur cœur au Seigneur Jésus. Qu'ils l'acceptent dans leur cœur et dans leur vie comme Sauveur et Seigneur personnel.

C'est alors qu'ils recevront le don du Saint-Esprit qui les accompagneront jusqu'à leur entrée définitive dans le Royaume de Dieu.

Pour nous qui l'avons déjà reçu dans notre vie comme Seigneur et Sauveur, nous devons annoncer cette Bonne Nouvelle du Royaume des Cieux jusqu'aux extrémités de la terre afin que les autres viennent nous rejoindre, en aussi grand nombre qu'ils pourraient bien être, par la grâce de Dieu.

Ne ressemblons pas à Adam et Eve. N'écoutons pas la voix du diable, car un pêcheur ne peut pas sauver la vie d'un poisson.

Même en le remettant dans l'eau, il reviendra pour le prendre plus tard au filet car sa place se trouve dans la casserole de son épouse.

« ***Et l'Eternel Dieu dit à la femme: Pourquoi as-tu fait cela? La femme répondit: Le serpent m'a séduite, et j'en ai mangé.*** » Genèse 3 :13

La femme accuse à son tour le serpent et reconnaît qu'elle fut séduite avant de prendre du fruit interdit et d'en manger.

Eve prêta son oreille avec toute attention au serpent séducteur et rusé qui la plongea dans l'enchantement et dans l'envoûtement.

La séduction est une action d'attirer irrésistiblement, de convaincre, de charmer par un pouvoir tel que la parole douce mêlée à la ruse, à l'argent, aux promesses envoûtantes afin d'amener la personne à exécuter la volonté du séducteur.

Le séducteur est un enjôleur, un coureur, un corrupteur, un galant, un charmeur et un menteur professionnel qui mélange le mensonge à la vérité pour présenter un décor pâle.

Séduire quelqu'un, c'est lui apprêter une tasse de café au lait et le consommateur ne saura pas s'il est en train de prendre du café au lait ou alors du lait au café.

C'est de la spoliation de la Parole de Dieu. Le diable avait dit à la femme qu'elle ne mourrait pas en mangeant du fruit de l'Arbre de la connaissance du bien et du mal. Il lui avait aussi dit qu'elle deviendrait comme Dieu.

Mais, si ce fruit pouvait rendre les hommes des dieux, il pouvait aussi rendre les animaux des hommes car il avait la connaissance du bien et du mal.

Le médecin ainsi que le pharmacien ne prennent pas le même médicament que les patients. Mais ils les amènent à avaler même des comprimés amers avec de belles petites paroles et des encouragements les amadouant.

Le serpent avait caché à Eve le secret sur la mort spirituelle, car il existe trois types de morts :

- La mort physique,
- La mort spirituelle et
- La mort éternelle.

La mort physique se réalisa en dehors du Jardin d'Eden après le sacrifice d'Abel le juste. Et ce jour-là, Adam et Eve virent que l'homme pouvait bien mourir un jour.

La mort spirituelle se produisit dans le Jardin d'Eden et fut communiquée à tous les hommes car Adam et Eve péchèrent à la source même de la vie.

C'est ainsi que Caïn qui n'avait jamais eu de conversation avec le serpent avait quand-même la semence du serpent en lui.

C'est la mort spirituelle qui se trouve en tous ceux qui n'ont pas encore accepté Jésus comme Seigneur et Sauveur personnel dans leur vie.

Et la mort éternelle ou la ruine éternelle est celle qui commencera après le jugement dernier.

Alors que ceux qui auront cru en Jésus seront sauvés et ramenés dans la vie éternelle, les autres se verront rejetés dans le feu de la géhenne où il y aura des pleurs et des grincements des dents.

C'est aujourd'hui le moment favorable pour accepter Jésus comme Seigneur et Sauveur personnel et obtenir ainsi le don du Saint-Esprit, après la repentance et la décision de le suivre tout le reste de sa vie.

Pour ce qui sont déjà enrôlés dans la grande armée du Seigneur, persévérons jusqu'à la fin de notre vie comme il est écrit :

« ***Mais celui qui persévérera jusqu'à la fin sera sauvé.*** » Mathieu 24 :13

Notre marche avec le Seigneur ressemble à quelqu'un qui roule à vélo. Dès qu'il s'arrête, il faudrait qu'il descende du vélo, sinon, il tombera avec le vélo.

Nous ne devons pas nous arrêter. Quelques soient les difficultés sur le chemin, persévérons jusqu'à la fin et nous recevrons de Dieu une couronne de victoire et de gloire.

Nous ne devons pas écouter n'importe quoi car tout ce que l'on peut entendre ne nous apporte nécessairement pas la vie.

Ce jour-là Eve écoutait un message flatteur et adulateur qui la conduisit à faire confiance au diable et à rejeter Dieu.

En moins d'une heure, tous les hommes de la terre ont été exposés et vendus au péché parce que notre mère commune prêta oreille au serpent ancien.

C'était vers la sixième heure juive que cela se produisit. Elle avait faim. Il y avait toutes sortes de fruits, mais le serpent qui cherchait à faire chasser Adam du Jardin d'Eden passa par celle qu'il aimait le plus.

Qui est ta « Eve » ?

Quelle est la personne qui a placé un point d'exclamation dans ta vie ?

Quelle est cette personne à qui tu ne peux rien refuser, en bien ou en mal ?

Fais attention à tout ce qu'elle dit et prends le temps de bien examiner le pour et le contre afin que tu ne t'écartes pas de la voie de Dieu.

Adam écouta sa femme et ne refusa point son offre. Apparemment, c'était une découverte. Mais dans le fond, c'était la mort !

Tout ce qui paraît bon et agréable dans la forme, ne l'est absolument pas dans le fond. Prenons donc le temps de réfléchir deux fois avant d'avancer d'un pays et notre Dieu nous gardera du bon côté dans sa grâce et dans son amour infini et démesuré envers nous.

## LA SENTENCE DU SERPENT

***« L'Éternel Dieu dit au serpent: Puisque tu as fait cela, tu seras maudit entre tout le bétail et entre tous les animaux des champs, tu marcheras sur ton ventre, et tu mangeras de la poussière tous les jours de ta vie.***

***Je mettrai inimitié entre toi et la femme, entre ta postérité et sa postérité: celle-ci t'écrasera la tête, et tu lui blesseras le talon.*** » Genèse 3 :14-15

Dieu commence la sentence du Jardin d'Eden ou la Sentence Edénique par le serpent qui s'y était infiltré pour provoquer la chute de nos premiers parents, et partant, celle de tous les hommes de la terre.

Le serpent fut ainsi maudit à cause de son mensonge et de sa ruse qui avaient atteints le superlatif.

Le serpent fut l'animal le plus maudit de tout le bétail et de tous les animaux des champs.

Et depuis ce jour-là il perdit ses pattes et resta dans la poussière de la terre en rampant.

Il croyait que c'était une fable. Mais il rentra chez lui, il trouva sa femelle rampant ainsi que ses petits.

La Parole de Dieu est perçante et capable de traverser l'espace, la distance et le temps. Ainsi toutes les espèces de serpents se mirent à ramper sur la surface de la terre.

Le Seigneur Dieu plaça une inimitié entre le serpent (le diable) et la femme, entre la postérité du diable est celle de la femme.

Jésus est le fruit de cette postérité qui écrasa le serpent sur la croix du Calvaire. Et à cause de cela, nous sommes appelés à croire en lui afin d'obtenir la vie éternelle. Car c'est lui seul qui a vaincu la mort.

Nous devons bien rincer nos oreilles pour entendre la Parole de Dieu et la garder dans nos cœurs afin de tenir jusqu'à la fin de toute chose.

# LE MYSTERE DU TALON ET DE LA TETE

La postérité de la femme écrasera le serpent à la tête et celle de ce dernier la mordra au talon.

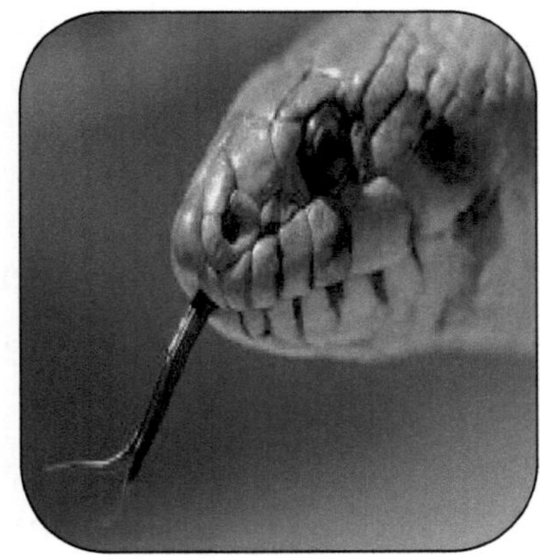

Voyez-vous pourquoi les femmes mettent des haut-talons ?

Elles se protègent contre les morsures du serpent, leur ancien séducteur.

La postérité du serpent représente le diable, les démons, les sorciers, les enchanteurs ainsi que les méchants et tous ceux qui n'ont pas encore cru dans le Seigneur Jésus-Christ.

Ils constituent les ennemis des enfants de Dieu, car il n'y a que deux camps :

- Celui de Dieu et
- Celui du diable.

Le purgatoire ou lieu de rachat n'existe que dans la pensée de ceux qui y croient pour se consoler.

Le tout se joue pendant que nous sommes encore en vie dans cette chair. La messe pour le salut des morts est une aventure téméraire et intrépide qui n'engage ceux qui y croient pour se réconforter à la manière des hommes et non à celle de Dieu.

Dans la première équipe, nous avons le Père, le Fils et le Saint-Esprit avec les anges, les vingt-quatre anciens et les quatre êtres vivants et dans la partie visible, les croyants nés de nouveau rassemblés dans le Corps de Christ.

Dans la seconde équipe, il y  a une partie spirituelle qui renferme le diable et les démons et une partie physique qui rassemble les méchants, les ennemis ainsi que les incrédules.

Le combat commença dans le ciel où le diable et ses démons furent chassés et précipités sur la terre et qui font maintenant la guerre aux hommes.

Et le diable se servit de l'animal des champs le plus rusé pour atteindre Adam qu'il ne pouvait atteindre avant la formation de la femme.
La tête du serpent caractérise la prudence, la précaution, la diplomatie, la ruse, le déguisement et le piège.

Le serpent a des dents aigües et une langue remplie de venin mortel. Il n'a aucun intérêt à nous faire du bien car c'est une bête des champs ou un animal sauvage.

Dans la jungle, les animaux vivent sous la loi du plus fort. Ce qui fait que le lion chasse l'antilope sans raison fondée et sans être aucunement pas inquiété par qui que ce soit ou par quoi que ce soit.

Et dans la postérité de la femme, le Seigneur Jésus est la tête de l'Eglise, dont le Corps est formé des croyants nés de nouveau que le diable cherche à mordre au talon.

Les cinq sens se retrouvent tous au niveau de la tête. En d'autres termes, le diable :

- Nous voit,
- Nous entend,
- Peut goûter à notre peau,
- Nous sent par l'odorat, et
- Nous sent aussi par sa propre peau.

Sachons qu'il est courant du combat car il avait entendu la sentence y relative de ses propres oreilles.

C’est pour cette raison que le Seigneur Jésus nous demande d’être prudents comme le serpent mais innocent comme la colombe.

Nous l’attaquons de face et lui nous agresse par derrière car le talon est la partie la plus éloignée du cerveau de l’homme.

Il n’attaqua point Adam de face. Il se mit à l’observer judicieusement et finit par découvrir qu’il avait un faible pour Eve qui constituait son point d’exclamation.

En effet, le premier point d’exclamation apparaît dans la Bible alors qu’Adam vit Eve devant lui :

« ***Et l'homme dit: Voici cette fois celle qui est os de mes os et chair de ma chair! On l'appellera femme, parce qu'elle a été prise de l'homme.*** »

Voici le premier point d’exclamation mentionné par Adam quand Dieu lui apporta Eve, sa femme et la mère de tous les vivants.

Et le diable qui est toujours un grand observateur remarqua cela et trouva ainsi son talon. Le talon d'Adam était « Eve », celui de Samson était « Délila » et celui de notre Seigneur Jésus était « Pierre ».

Oui, le diable passa par Eve pour atteindre Adam. Il passa par Délila pour atteindre Samson. Mais, il essaya d'interdire le Seigneur Jésus d'aller à la croix par Pierre et fut confondu par le Maître des temps et des circonstances.

« ***Et vous, leur dit-il, qui dites-vous que je suis?***

***Simon Pierre répondit: Tu es le Christ, le Fils du Dieu vivant.***

***Jésus, reprenant la parole, lui dit: Tu es heureux, Simon, fils de Jonas; car ce ne sont pas la chair et le sang qui t'ont révélé cela, mais c'est mon Père qui est dans les cieux.***

***Et moi, je te dis que tu es Pierre, et que sur cette pierre je bâtirai mon Église, et que les portes du séjour des morts ne prévaudront point contre elle.***

*Je te donnerai les clefs du royaume des cieux: ce que tu lieras sur la terre sera lié dans les cieux, et ce que tu délieras sur la terre sera délié dans les cieux.*

*Alors il recommanda aux disciples de ne dire à personne qu'il était le Christ.*

***Dès lors Jésus commença à faire connaître à ses disciples qu'il fallait qu'il allât à Jérusalem, qu'il souffrît beaucoup de la part des anciens, des principaux sacrificateurs et des scribes, qu'il fût mis à mort, et qu'il ressuscitât le troisième jour.***

***Pierre, l'ayant pris à part, se mit à le reprendre, et dit:*** *A Dieu ne plaise, Seigneur! Cela ne t'arrivera pas.*

***Mais Jésus, se retournant, dit à Pierre:*** *Arrière de moi, Satan!* ***Tu m'es en scandale; car tes pensées ne sont pas les pensées de Dieu, mais celles des hommes.*** » Mathieu 16 :16-23

Après avoir répondu avec succès à la question de savoir qui était Jésus, le diable s'infiltra dans l'Apôtre Pierre pour qu'il interdise Jésus d'aller à la croix.

Et le Seigneur Jésus l'ayant vu venir ne mâcha point les mots et lui dit aussitôt:

« ***Arrière de moi Satan !*** »

Tout le monde voyait Pierre, mais Jésus voyait le diable, Satan, le serpent ancien derrière lui.

Si cet homme qui marcha avec le Seigneur Jésus sur les eaux du Lac de Galilée fut utilisé par le diable le même jour où Dieu le visita puissamment pour lui révéler l'identité du Seigneur Jésus, à combien plus forte raison ne serions nous pas exposés si jamais nous demeurions dans la distraction, l'imprudence et l'étourderie ?

Quelle est ton « talon » ?

Est-ce l'argent comme ce l'était pour Judas Iscariote ou alors la femme du voisin à l'instar du roi David sur la femme d'Urie le Hittite ?

Fais un examen de conscience et dis-moi un peu quel est ton « talon ». Et en bon Aumônier du Seigneur, je prierai pour toi afin que Satan qui est derrière cela s'en aille dans les lieux arides dans le Nom Puissant de notre Seigneur et Sauveur Jésus-Christ.

Le « talon » de Caïn était la haine, l'animosité et la méchanceté qu'il avait envers son jeune-frère Abel, le juste.

Le « talon » de Joseph fut le manque de discrétion. Il ne devait pas tout raconter aux autres. Et celui de Noé fut le vin !

Le « talon » de Paul fut le judaïsme et celui Pierre sur les eaux fut la peur.

Mettons des souliers haut-talons comme les femmes le vont depuis longtemps de peur que le serpent ancien ne nous morde de derrière. Et nos souliers sont le zèle de l'évangile pour ramener les âmes perdues dans la présence de Dieu.

De même que la mort entra dans la vie de tous les hommes par Adam trahi par sa femme, ainsi la vie éternelle vint au travers d'un homme trahi par Judas à prix d'argent.

Nous avons besoin du Saint-Esprit pour résister aux ruses et aux multiples pièges du diable qui rode comme un lion tout en sachant qu'il n'a plus beaucoup de temps.

« ***Mais vous recevrez une puissance, le Saint Esprit survenant sur vous, et vous serez mes témoins à Jérusalem, dans toute la Judée, dans la Samarie, et jusqu'aux extrémités de la terre.*** » Actes 1 :8

Le coup de départ nous est donné par le Saint-Esprit afin de témoigner les bonnes choses que Dieu a faites pour nous dans notre vie personnelle, dans la famille, dans la société et jusqu'aux extrémités de la terre.

Les douleurs d'enfantements existaient bien avant la chute de nos premiers parents. Et Dieu les augmenta pour punir la femme de la séduction du serpent.

Il ajouta que ses désirs se tourneront vers son mari et qu'il dominera sur elle.

Ces deux choses ne peuvent pas être abolies que par la mort et la résurrection, car :

« ***Jésus leur répondit: Vous êtes dans l'erreur, parce que vous ne comprenez ni les Écritures, ni la puissance de Dieu.***

***Car, à la résurrection, les hommes ne prendront point de femmes, ni les femmes de maris, mais ils seront comme les anges de Dieu dans le ciel.*** » Mathieu 22 :29-30

Nous serons un jour comme les anges de Dieu. Les hommes ne prendront plus de femmes et les femmes ne prendront plus de maris. Nous vivrons au-dessus du besoin et de la nécessité.

Nous aurons un âge angélique pour vivre éternellement avec le Seigneur notre Dieu.

Entretemps, pendant que nous sommes dans cette chair, nous devrions nous supporter les uns les autres.

Cela, car les douleurs d'enfantement et la soumission de la femme ne peuvent être atténuées que par l'amour de Jésus manifesté en nous.

Quand le mari aime sa femme de l'amour du Seigneur, et que celle-ci lui est soumise à cause de la Parole de Dieu ; la paix entrera dans le couple, dans la famille et dans la société.

Sans le Seigneur Jésus dans notre vie individuelle et collective, nous ne saurions rien faire.

# LA MATRICE ARTIFICIELLE

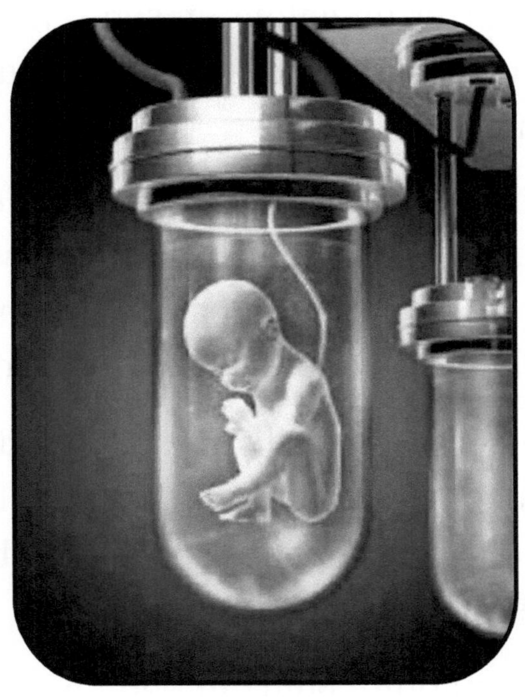

Les savants après des siècles sont presque arrivés à inventer une matrice artificielle pour contourner les douleurs d'enfantements de la femme qui ne sera plus contrainte de porter une grossesse pendant neuf mois à cause des progrès technologiques.

Les scientifiques sont sur la voie de développer un système par lequel la femme n'aura plus besoin de porter un enfant en son sein pendant neuf mois ou être soumises encore aux douleurs d’enfantement.

Ces machines sont des « utérus artificiels » ou des « matrices artificielles » qui recevront le fœtus après fécondation par prélèvement de fluide de l’homme et des ovules de la femme.

La femme serait ainsi dispensée des douleurs d’enfantement et viendrait, neuf mois plus tard, après un coup de téléphone retirer son bébé est mûr et prêt à être ramené à la maison !

Cette information pourrait au besoin être vérifiée dans le journal TFY NEWS.

Reste à savoir si ce bébé sera aussi normal que les autres enfants nés par la voie normale. Car le corps d’une mère est irremplaçable pour le futur bébé.

Aujourd'hui n'écoutons pas n'importe qui, ou n'importe quoi. Le diable n'est plus dans le serpent ancien. Il est dans les hommes et dans les femmes. Il est dans nos familles, dans la société et dans le monde entier.

Il est dans les réseaux sociaux. Le bien et le mal cohabitent encore et de fois se mélangent comme les couleurs du lever du jour ressemblent à celles du crépuscule.

Regardez et vous comprendrez avec moi que le diable se sert maintenant du cheval pâle pour nous détruire.

La radio, la télévision, médias, le transport en commun, le marché public, l'église, l'école, le lieu de travail et celui de divertissement sont remplis des voix qui mélange du café au lait pour attirer les enfants de Dieu à la mort spirituelle afin de les garder captifs pour la seconde mort, après la mort naturelle ou physique.

Les informations sont bien préparées pour attirer notre attention, et peuvent de fois nous détruire.

Les couleurs du lever du jour ressemblent à celles du coucher du soleil. Le mariage normal a perdu son sens et il est dorénavant confondu au mariage homosexuel et au mariage androïde. Et les petits-enfants ressemblent aux professeurs des grands-parents.

La sainteté et la crainte de Dieu sont remplacées par l'hypocrisie, la fausseté, le mensonge et la fourberie. Ceux qui ont réussi dans la vie sont à la recherche des diplômes et ceux qui ont des diplômes sont à la recherche de la réussite et du travail, surtout en Afrique.

En dehors du Jardin d'Eden, l'homme est exposé aux bêtes sauvages et à la loi de la jungle. Le plus fort a toujours raison et un médecin lion n'a pas de prescription médicale pour l'antilope malade.

Ce qu'Adam et Eve avait perdu, ils ne le retrouvèrent point jusqu'au jour de leur mort physique.

# LEVER DU JOUR

Le lever du jour nous donne l'apparition du soleil à partir de l'Est et le ciel n'est pas encore totalement éclairé.

Il faudra connaître les quatre points cardinaux pour distinguer le lever du jour du coucher du soleil. Mais les oreilles ne peuvent pas se tromper car le coq ne chante que pour annoncer le lever du jour !

Il suffit de faire confiance au chant du coq pour savoir que c'est le matin car le soir il ne le fait pas et le soleil se couche en silence sur l'horizon.

# COUCHER DU SOLEIL

On peut facilement confondre le coucher du soleil au lever du jour. Et c'est bien cela le jeu du diable. Il ne ment pas à 100%.

Non.

Il mélange la vérité au mensonge par la spéculation, la torsion des Saintes Ecritures, les fausses prophéties et les faux miracles.

Les hommes créés à l'image et à la ressemblance de Dieu, se levèrent un jour pour imposer aux autres la théorie selon laquelle l'homme est descendu du signe.
Quand vous leur prêtez l'oreille comme Eve le fit devant le serpent, vous finirez par être séduits et vous tomberez ainsi dans l'incrédulité, l'indécision et le scepticisme.

Cela ressemble au cheval pâle décrit dans le livre de Révélation.

« ***Quand il ouvrit le quatrième sceau, j'entendis la voix du quatrième être vivant qui disait: Viens.***

***Je regardai, et voici, parut un cheval d'une couleur pâle. Celui qui le montait se nommait la mort, et le séjour des morts l'accompagnait. Le pouvoir leur fut donné sur le quart de la terre, pour faire périr les hommes par l'épée, par la famine, par la mortalité, et par les bêtes sauvages de la terre.*** » Apocalypse 6 :7-8

Ce cheval pâle était, dans la vision apocalyptique de Jean sur l'île de Patmos, conduit par :

- La mort et
- Le séjour l'accompagnait.

Il avait un pouvoir d'agir sur le quart de la terre.

# LE QUART DE LA TERRE

Il y avait en ce moment quatre personnes sur la terre.

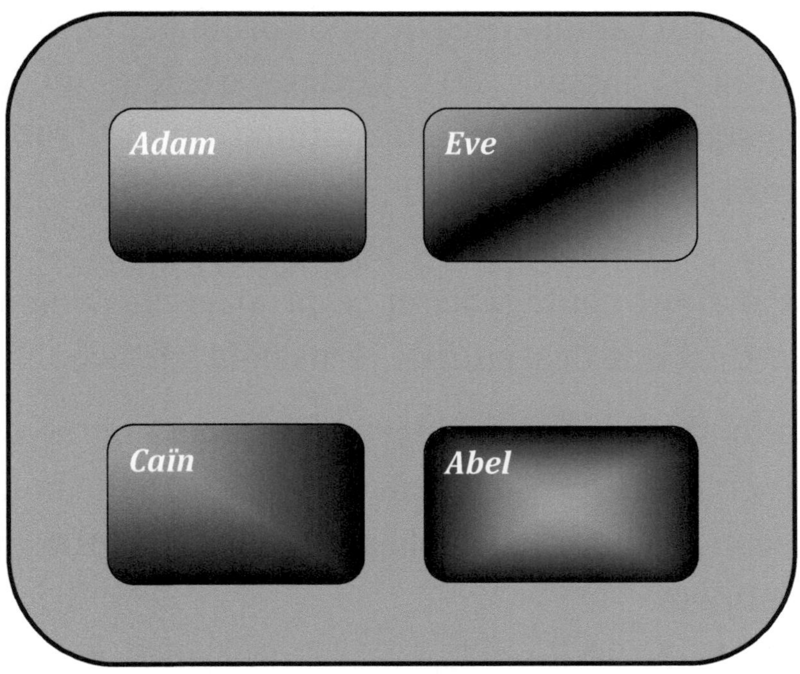


Caïn tua son jeune-frère, Abel malgré l'avertissement de Dieu parce qu'il avait de la haine contre lui à cause de son sacrifice qui fut agréé par le Seigneur.

C'est une histoire pâle qui emporta le quart de la terre.

La mort et le séjour de mort étaient déjà introduits dans le Jardin d'Eden par le serpent. Mais ce n'est qu'après que nos premiers parents furent chassés du Jardin d'Eden qu'ils constatèrent la manifestation de la mort physique dans le meurtre de Caïn.

Le mal est contagieux et se propage facilement car c'est une descente de Jérusalem à Jéricho.

La foi dans le Seigneur Jésus est une montée de Jéricho vers Jérusalem au cours de laquelle nous devons écouter la Parole de Dieu et la mettre en pratique.

La crainte de Dieu est une montée alors que le péché est une chute libre.

## LA SENTENCE DE L'HOMME

« ***Il dit à l'homme : parce que tu as écouté la voix de ta femme et tu as mangé de l'arbre dont je t'avais défendu de manger, le sol sera maudit à cause de toi ; c'est avec peine que tu en tireras ta nourriture tous les jours de ta vie,***

***Il te produira des chardons et des broussailles, et tu mangeras de l'herbe des champs.***

***C'est à la sueur de ton visage que tu mangeras du pain, jusqu'à ce que tu retournes dans le sol, d'où tu as été pris ; car tu es poussière et tu retourneras en poussière.*** » Genèse 3, 17-19

L'Alliance du Jardin d'Eden ou Alliance Edénique se termine par la sentence de l'homme qui est tombé dans le piège du diable pour avoir écouté sa propre femme.

Comme susmentionné, ton propre talon peut devenir une occasion de chute par laquelle le diable passe pour te détruire complètement.

L'homme fit confiance à sa femme qui venait d'être séduite par le serpent, comme aujourd'hui beaucoup de grandes nations sont tombées dans le filet de l'homosexualité et qui ont même fini par l'institutionnaliser.

« ***Le sol sera maudit à cause de toi*** »

Jusqu'à ce jour, la terre garde toujours cette malédiction normalement tombée sur Adam et Eve qui ne furent que punis pour leur correction.

Elle porte des chardons et des broussailles à cause de cela et la nourriture donnée à Adam était l'herbe des champs car il devait quitter le Jardin d'Eden.

« ***Tu mangeras à la sueur de ton front.*** »
L'homme est appelé à beaucoup travailler pour gagner son pain à la sueur de son front.

Il a essayé de se fabriquer le ventilateur et le climatiseur, mais ce n'est tout le monde qui peut s'en procurer.

Naturellement les hommes transpirent plus que les femmes. Ils travaillent beaucoup et meurent très souvent avant les femmes.

Pour conclure, nos premiers parents furent chassés du Jardin d'Eden parce qu'Eve écouta le serpent et Adam l'écouta à son tour au lieu de garder la Parole de Dieu.

# CONCLUSION

Le serpent venait de réussir sa mission maléfique qui consistait à faire chasser nos premiers parents communs du Jardin d'Eden par la ruse, la tromperie, la duperie et la dissimulation.

Quand quelqu'un vous conseille de prendre un produit que lui-même ne prend pas, réfléchissez deux fois avant de faire un pas de plus.

Le serpent trompa notre mère commune Eve comme un pharmacien met un peu de sucre sur un comprimé amer pour le faire avaler au malade avec une gorgée d'eau additionnelle.

Ecouter la voix de Dieu est une grande clé pour notre constance dans notre marche avec le Seigneur Jésus. Car il est notre Bon Berger et nous sommes des brebis dans le pâturage de la Parole de Dieu.

La femme vit par ce qu'elle entend alors que l'homme vit et l'homme par ce qu'il voit. Mais le juste vivra par la foi.

La foi vient de ce que l'on entend et ce que l'on entend vient de la Parole de Dieu. Mais ladite foi a des ennemis que nous pouvons trouver sur cette liste :

- La torsion des écritures,
- La spéculation ;
- Le doute ;
- La peur ;
- La surprise ;
- Le manque de maîtrise de soi ;
- Le péché ;
- Le manque de discernement ;
- La tradition et
- La solitude.

Eve était seule devant le serpent qui la séduisit par la ruse et la torsion des écritures.

Elle se plongea même dans la spéculation en ajoutant que Dieu leur avait interdit par surcroît de « toucher » au fruit de l'Arbre de la connaissance du bien et du mal.

Epurons nos oreilles de toute torsion des écritures et de toute spéculation, afin de demeurer dans la Parole de Dieu comme le poisson dans l'eau.

Allons dans les hauteurs de la Parole comme un aigle et travaillons comme un bœuf afin que notre récompense soit grande au bout du rouleau.

Le silence de Dieu n'est aucunement pas le signe de son absence ou de sa pénurie. Il est là quand nous péchons, quand nous repentons et quand nous nous réconcilions avec lui une fois de plus.

« ***C'est l'esprit qui vivifie; la chair ne sert de rien. Les paroles que je vous ai dites sont esprit et vie.*** » Jean 6 :63

Nulle part ailleurs, il y a la vraie vie. Elle est dans la Parole de Dieu qui est Dieu lui-même.

« ***Que ce livre de la loi ne s'éloigne point de ta bouche; médite-le jour et nuit, pour agir fidèlement selon tout ce qui y est écrit; car c'est alors que tu auras du succès dans tes entreprises, c'est alors que tu réussiras.*** » Josué 1 :8

Le succès et la réussite se ne trouvent nécessairement pas dans les études faites de ce monde, mais mieux encore, dans l'obéissance, la fidélité et la discipline de la Parole de Dieu.

Le grand secret de l'alliance est l'écoute, la méditation et la mise en pratique de la Parole de Dieu pour marcher de progrès en progrès et de victoire en victoire.

En Adam, nous avons perdu le Jardin d'Eden, mais en Jésus, nous avons la vie éternelle en aussi grand nombre que nous pourrions croire en son Nom.

# L'AUTEUR

Sylvanus Mulowayi Wa Kayumba, né le 02/10/1963 dans la petite ville minière de Kolwezi dans la province du Grand Katanga, en République Démocratique du Congo, dans une famille de 8 garçons et 2 filles.

Sa plume remonte aux années 1983 comme dramaturge et acteur monologue, habitué à évoluer en soldat solitaire.

Traducteur Assermenté et Polyglotte, il a beaucoup écrit sur le social, le divin et est l'imaginaire.

Aumônier et prédicateur de la bonne nouvelle du royaume de Dieu, il est aussi un ami des prisonniers et des malades.

Dans un style simple embaumé de microcosme, il continue sa trotte tant qu'il y aura encore de l'encre dans son encrier.

Co-fondateur du Culte Anglophone dans la Ville de Lubumbashi dans la Province du Grand Katanga en République Démocratique du Congo en 1993.

En 2002 dans la Ville de Kinshasa, il participa efficacement à l'installation du Ministère du Réseau Global pour la Nouvelle Alliance et ouvrit une émission chrétienne à la télévision « ONLY JESUS » avant de se concentrer totalement à la littérature théologique pratique jusqu'à ce jour.

Ouvert à tous, pour la cause commune !

L'Auteur

# TABLE DES MATIERES

## ALLIANCE EDENIQUE

Le plus grand secret de l'alliance, c'est l'écoute des termes et conditions à y appliquer avant même de les observer.

Chaque peuple a sa langue de communication qu'il faudra connaître pour échanger dans les multiples domaines de la vie.

Dieu a aussi un langage pour toute chose à faire exécuter par les anges, les hommes, les animaux et la nature toute entière. Nous pouvons retenir 8 grandes Alliances dont 7 dans l'Ancien Testament : L'Alliance Edénique, Adamique, Noachide, Abrahamique, Palestinienne, Mosaïque, Davidique et la Nouvelle Alliance.

En Adam, nous avons perdu le Jardin d'Eden, mais en Jésus, nous avons la vie éternelle en aussi grand nombre que nous pourrions croire en son Nom.

Sylvanus MULOWAYI n'est plus à présenter. Il se cache dorénavant derrière ses œuvres littéraires qui sont nombreuses et variées en ligne où il parle du divin, du social et de l'imaginaire afin de ramener le fort et le faible autour d'une même table pour un repas fraternel.

La Fourmi du Seigneur

Printed by Books on Demand GmbH, Norderstedt / Germany